LUC

NENHUMA
ESCOLHA
PRECISA SER
ETERNA

LUC

NENHUMA ESCOLHA PRECISA SER ETERNA

academia

Copyright © Lucas Misunaga, 2023
Copyright © Editora Planeta do Brasil, 2023
Todos os direitos reservados.

Revisão: Bernardo Machado e Fernanda Guerriero Antunes
Diagramação: Vivian Oliveira
Capa: Renata Spolidoro
Projeto gráfico e ilustrações de capa e miolo: Lucas Misunaga

Dados Internacionais de Catalogação na Publicação (CIP)
Angélica Ilacqua CRB-8/7057

Misunaga, Lucas
　　Nenhuma escolha precisa ser eterna / Lucas Misunaga. - São Paulo: Planeta do Brasil, 2023.
　　128 p. : il., color.

ISBN 978-85-422-2320-0

1. Vida – Escolhas 2. Comportamento I. Título

23-3892　　　　　　　　　　　　　　　　　　　CDD 158.1

Índice para catálogo sistemático:
1. Vida – Escolhas

Ao escolher este livro, você está apoiando o manejo responsável das florestas do mundo

2024
Todos os direitos desta edição reservados à
Editora Planeta do Brasil Ltda.
Rua Bela Cintra, 986 – 4º andar
01415-002 – Consolação – São Paulo-SP
www.planetadelivros.com.br
faleconosco@editoraplaneta.com.br

CAPÍTULO I
Primeiros passos........................... **15**

CAPÍTULO II
As pedras no caminho................ **35**

CAPÍTULO III
**Uma breve história de Jorge,
o passarinho**................................. **57**

CAPÍTULO IV
Recalculando rotas..................... **69**

CAPÍTULO V
Novos caminhos........................... **91**

PARA TODAS AS PESSOAS

QUE ESTÃO EM BUSCA DE SI.

Durante a sua jornada, você vai entender que existem muitos caminhos

Pode ser que, por um momento, você seja guiado pelo que as pessoas acham que é melhor pra você. Seus pais, seus amigos, gente do seu convívio, todos vão opinar sobre qual é o melhor caminho pra você. E isso não tem problema algum, desde que você entenda que os rumos apontados por essas pessoas dizem respeito ao que elas acreditam ser o melhor, e nem sempre o que é melhor para elas é o melhor para você.

Mas como saber qual o melhor caminho para si?

Talvez essa seja a grande questão. Porque isso requer conhecer a si mesmo, seu propósito e sua vontade. E não pense que fazer isso seja tão simples e rápido quanto escrever esta frase. Conhecer a si mesmo exige, antes de tudo, coragem. Coragem, porque não é um processo fácil. Paciência, porque não é um processo rápido; é possível que te custe a vida toda. Estamos, eu acredito, em constante transformação.

E, se a mudança existe em mim, então é normal que os caminhos que eu sigo mudem comigo.

CAPÍTULO I

Primeiros passos

Primeiros passos

Por não acreditar que outros caminhos fossem possíveis, você escolheu o que ouviu que era o melhor para você. E talvez, por um tempo, esse trajeto fizesse sentido, porque você ainda não sabia para onde queria ir.

Talvez você nem soubesse que existiam tantos destinos possíveis, não só porque disseram que não lhe serviam, mas porque você acreditou nisso.

Não existe culpa. Talvez seja válido pensar que todo caminho que te tira do lugar é um bom caminho para se começar. Essa ideia de que você precisa ter tudo pronto, antes de dar os primeiros passos, quase nunca é verdade.

A descoberta acontece no percurso. E descobrir o que você não quer é tão importante quanto descobrir o que você, de fato, quer.

TODO CAMINHO TE LEVA PARA UM LUGAR

BASTA ENTENDER AONDE VOCÊ QUER CHEGAR.

O que as pessoas esperam de você é exatamente isso: apenas o que elas esperam de você

Isso não significa que você precisa viver sua vida com base nessas expectativas. E eu sei, escrever é mais fácil que praticar. Existe, sim, um medo de parar de ouvir o que as pessoas dizem e seguir os próprios passos. Afinal, a ideia de ser responsável pela própria jornada é assustadora.

E se tudo der errado? E se eu seguir o que eu acho que é melhor para mim e fracassar? E se as pessoas disserem "eu avisei"? E se eu estive errado esse tempo todo?

Se vale o conselho: permita-se errar. E não estou dizendo para você *largar tudo e recomeçar do jeito que sempre sonhou*. NÃO. Entenda seu contexto, respeite seus limites e, com paciência, se permita tentar. Cair faz parte da caminhada. E cair dói. Não fere só os joelhos, fere o ego também. E não é fácil lidar com isso.

OUTROS, ASSIM:

(ILUMINANDO)

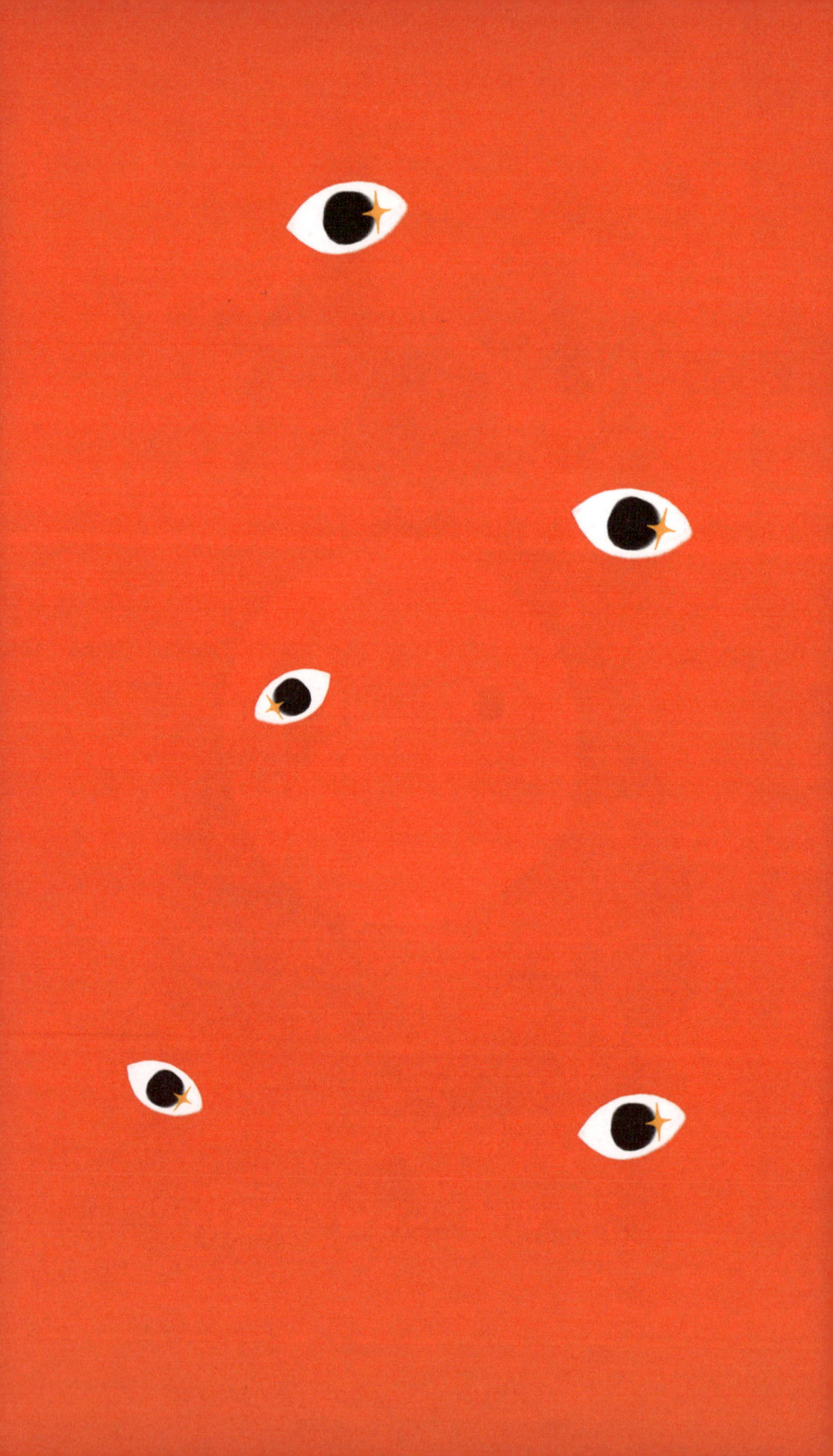

ÀS VEZES, SINTO UMA NECESSIDADE MUITO GRANDE DE PROVAR QUE SOU CAPAZ,

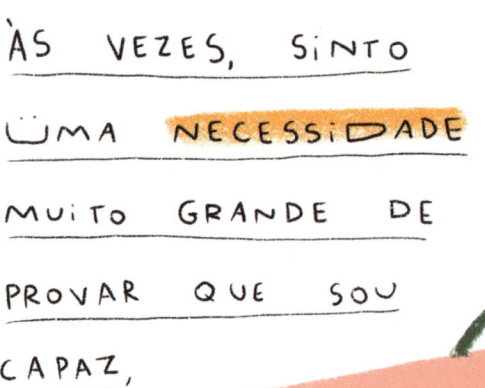

MAS BUSCAR POR VALIDAÇÃO EXTERNA PODE SER UMA TAREFA DESGASTANTE

AS PESSOAS PODEM ATÉ ESPERAR ALGO DE VOCÊ, MAS ADIVINHA SÓ?

VOCÊ NÃO PRECISA SUPRIR AS EXPECTATIVAS DE NINGUÉM!!!

LEMBRETE:

VOCÊ NÃO PRECISA

AGRADAR TODO MUNDO:

FOQUE PRIMEIRO EM

VOCÊ MESMO!

ESCUTE AS SUAS VONTADES

VIVA A SUA VERDADE

E SEJA GENTIL COM VOCÊ.

Meu sonho, desde pequeno, era crescer

Virar adulto, como se dizia naquela época. E, com a inocência de uma criança, acreditava que ser adulto era ser livre. E que isso tinha a ver com poder de escolha.

Até os 18 anos, eu não podia me vestir como eu queria. Na casa onde eu cresci, havia algumas regras. Fui criado pelo meu avô, e existia uma rigidez muito grande por parte dele. As roupas que me vestiam eram só as que ele me dava. O cabelo eu só cortava como ele dizia.
Dos sapatos que eu usava, se era ele quem comprava, escolhia só os que ele deixava.

Eu agradeço muito ao meu avô por ter me criado, por ter feito isso da forma como ele acreditava ser a correta. Mas o que eu estou tentando dizer é que, se as escolhas que eu tinha partiam da perspectiva de outra pessoa, logo, eu não sabia o que era possível para mim. Então, quando eu tive a possibilidade de escolher, eu me limitava a poucas opções. Apenas aquelas que eu acreditava que agradariam meu avô.

A primeira escolha que eu lembro de ter feito foi o curso que eu iria fazer assim que terminasse o Ensino Médio. Eu não sabia o que queria. E, nessa primeira escolha, escolhi o que deu. Tentei uma bolsa para estudar Publicidade e Propaganda ou Administração. Essas eram as duas possibilidades que ofereci a mim mesmo. Eu passei em Publicidade e me formei em quatro anos. Mas no segundo ano eu já sabia que não gostava de estudar aquilo. Eu continuei, porque acreditava que, depois de entregar esse diploma ao meu avô, estaria livre e poderia escolher o que, de fato, eu gostaria de fazer.

Se parar para analisar, a escolha não foi sobre os cursos. A escolha que eu fiz foi agradar as pessoas que eu amava.

E o problema dessa escolha é que, no fim das contas, fui eu quem tive que lidar com as consequências disso.

E não é assim que eu quero viver a minha vida. Não mais. Eu preciso ir atrás do que acredito, sem esperar que as pessoas entendam isso. Eu quero ter orgulho das minhas escolhas, independentemente de elas darem certo ou não. E eu devo isso a mim mesmo.

Quem me ama vai continuar comigo.
Eu sei disso *porque eu ainda estou aqui.*

Eu estou do meu lado agora.

SE PERDOAR NÃO É ESQUECER TUDO O QUE ACONTECEU. MAS, TALVEZ, SEJA SOBRE SE DAR UMA NOVA CHANCE. PERMITIR-SE TENTAR OUTRA VEZ. SE PERDOAR É ENTENDER, TAMBÉM, QUE VOCÊ MUDOU. É ERGUER AS MÃOS COMO QUEM PEDE TRÉGUA. COMO QUEM DEIXA IR. E COMO QUEM AMA O SUFICIENTE PARA SE PERMITIR SEGUIR EM FRENTE.

CAPÍTULO II

As pedras no caminho

Tomo chuva, tempestade e cada gota bate em mim

Eu me encharco. Quase sufocado, penso comigo: *quando é que isso passa?*

Eu sinto minhas raízes abraçarem cada vez mais forte o chão que piso. Que a minha caminhada não é feita só de sombra e ar fresco. Já encontrei muita pedra que me impediu de ver a luz do dia. Tudo bem. Eu não tenho mais medo do escuro.

Hoje eu durmo junto às estrelas. Faz parte também. Eu sei que sim. O que eu não sei é sobre o fim. Ou talvez seja sobre o começo, que eu só posso aprender o que eu ainda não sei.

E isso me engrandece. Não sei.
Talvez eu esteja indo longe demais.
(Ainda bem.)

NÃO COMPARE SEU PROCESSO

COM O RESULTADO FINAL ALHEIO.

Van Gogh

Eu sempre me considerei perfeccionista. O que eu fazia nunca estava bom o suficiente. Quando eu gostava, ainda assim, era de 99%, porque tem sempre aquele 1% que pode melhorar; *afinal, eu sou perfeccionista*, eu dizia.

Hoje eu não gosto mais desse discurso, deixei isso para lá. Não foi tão simples, precisei entender que esse perfeccionismo era só uma desculpa para manter minha insatisfação sempre atualizada. Eu não posso me dar o prazer de estar satisfeito com algo que eu fiz. E olha como esse discurso é cruel e injusto.

Com quem eu estou me comparando?

Uma vez, eu li um livro que contava um pouco sobre a história de Van Gogh e toda a genialidade de sua obra. Havia texto que falava sobre o artista ter tido apoio financeiro de seu irmão para se dedicar apenas a estudar sua pintura. E, ao longo de anos só pintando, desenvolveu uma técnica única. Na hora isso me deu um estalo.
É injusto eu ficar comparando o meu processo com o resultado final de alguém.
Afinal, é claro que nunca vai estar perfeito. E o que é isso? O que é a perfeição?

Eu acredito, sim, que podemos melhorar. Mas é importante se dar créditos por estar tentando. Isso é valioso demais. Porque se comparar não gera motivação.

Se comparar é invalidar todo o seu processo.
E isso é frustrante.

No Jardim de Infância, aprendi com as professoras que o certo era pintar dentro do risco. Perdia ponto se pintasse para fora.

Agora, todo dia, para mim, é uma folha em branco.
Rabisco torto e borro os traços que um dia me limitaram.
Errar faz parte, é o que dizem, e é verdade. Faz parte. E digo mais, também faz arte.

Aprendi a abraçar o imperfeito.
Aprendi a não me culpar pelas linhas tortas.

Tem sido bom.

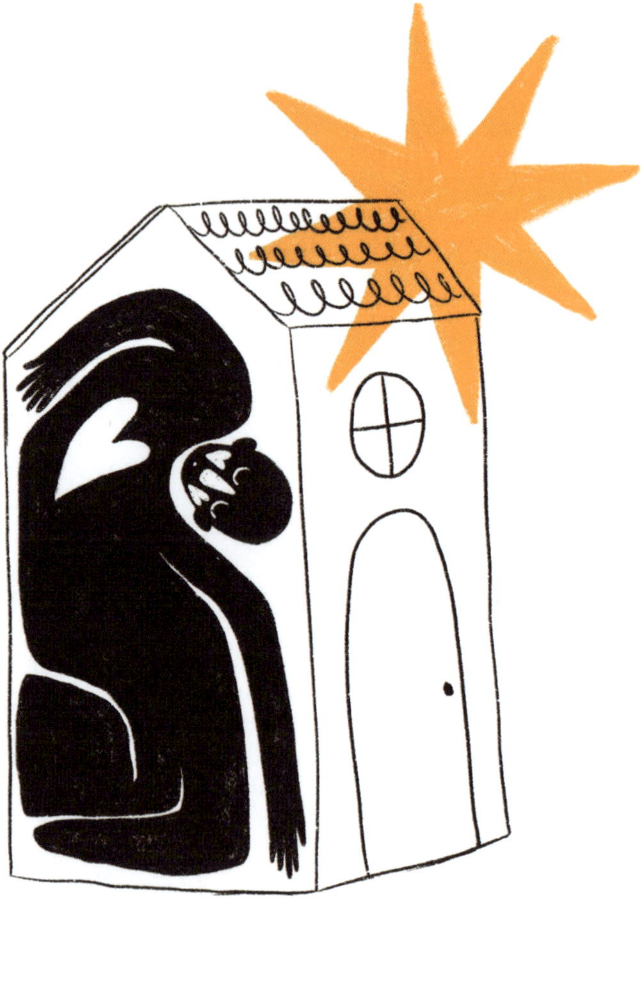

Quando os meus desejos e sonhos já não eram mais os mesmos de antes, quando eu fazia de tudo para me encaixar, quando eu me encolhia para caber, só para não me sentir tão sozinho. Quando eu ainda não sabia que era possível encontrar conforto na minha própria companhia. Quando eu não entendia que casa não era necessariamente um lugar. Se eu pudesse, avisaria ao meu eu do passado: quanto antes você entender a importância de fazer do seu corpo e sua mente um bom lugar para se viver, não importa onde você esteja, você sempre estará em casa

ALGUNS DIAS ME SINTO ASSIM:

OUTROS, ASSIM:

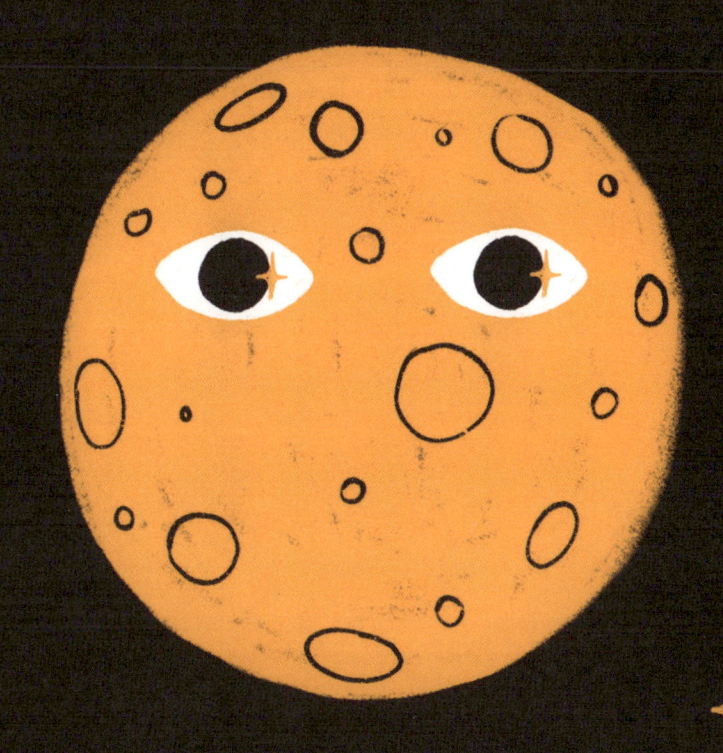

Eu sou lua

Tem dias que sou lua minguante. Parece que falta uma parte, me sinto incompleto e com um vazio gigante.

Outros dias eu sou lua cheia, radiante, sinto como se eu pudesse ser tudo em um instante.

Mas todo dia lembro que sou lua e que, independentemente da minha fase, eu preciso respeitar meu tempo e meus processos. Porque vai passar.

Sempre passa.

RESPEITE SUAS FASES.

Zona (des)conforto

Em um primeiro momento, pode ser assustadora a ideia de sair da sua zona de conforto. Um trabalho que você já não sente nenhum entusiasmo em fazer, um curso da faculdade que você começou e não vai trancar – imagina: começou, agora termina. Um relacionamento de anos em que você já não se reconhece mais. Se você parar para pensar, é isso que chamamos de zona de conforto.

Bom, essa descrição, um tanto generalizada,
te parece confortável? *Um trabalho em que você não tem mais para onde crescer? Um curso em que você não sente mais vontade em aprender? Uma relação que está tão desgastada que você já não se enxerga mais nela?*

Eu acredito que nem tudo vai ser sempre bom
ou sempre ruim. Vão ter momentos em que você vai encontrar alegria em fazer parte daquilo.
Em outros momentos, o contrário.

Se algo não faz mais sentido, é importante começar a pensar se não chegou a hora de deixar ir. E isso sim é assustador. Nem todo mundo está disposto a perder o mínimo do que considera cômodo em sua vida.

E é triste pensar que o mínimo, às vezes, é colocado como algo raro. Mas acho que isso está ligado ao que consideramos possível a nós mesmos. Sabe aquela frase?

"Aceitamos o amor que acreditamos merecer"? Então.
É exatamente isso.

E, muitas vezes, não sabemos o quanto merecemos ser amados. Não só pelo outro, mas por nós mesmos.

Você merece uma segunda chance. Quem sabe até uma terceira, uma quarta. Infinitas chances para poder recomeçar. E não vai ser fácil. Quase nunca é.

Recomeçar dói. Porque a sensação de estar perdido é muito frequente nesse recomeço. E ninguém está preparado para isso. O novo assusta.

Recomeçar não é sobre esquecer tudo o que você viveu, muito pelo contrário. É reconhecer que tudo o que você viveu te trouxe até aqui. E é bonito demais poder se dar essa oportunidade.

Faz bem se olhar com esse tanto de carinho.
Poder mudar de caminho.

Permita-se.

PODE SER QUE A SUA JORNADA NUNCA FAÇA SENTIDO COMPLETAMENTE.

Aos 25 anos você pode até encontrar as respostas que procurava quando tinha 15, mas novas questões vão continuar aparecendo.

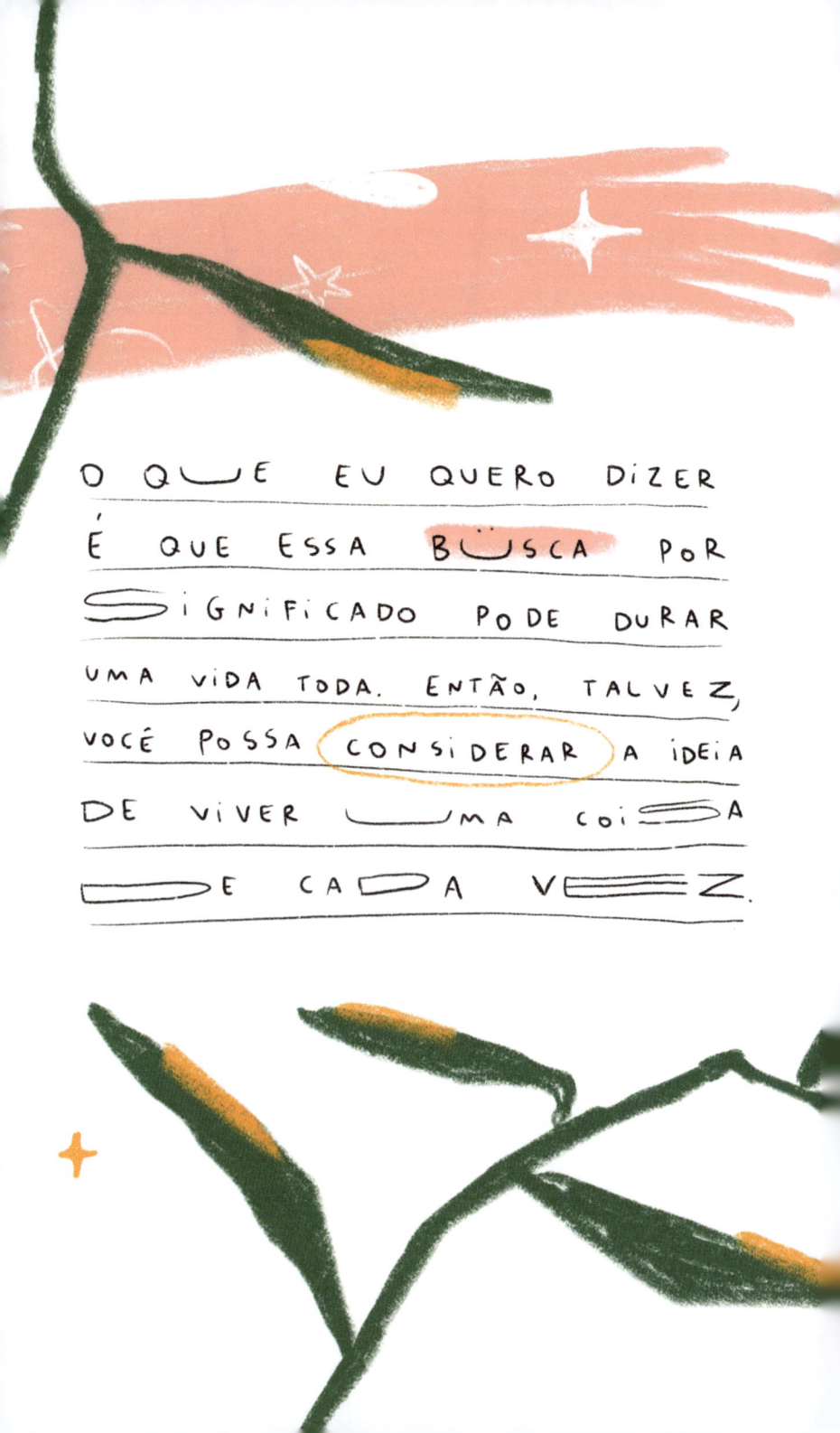

O QUE EU QUERO DIZER
É QUE ESSA BUSCA POR
SIGNIFICADO PODE DURAR
UMA VIDA TODA. ENTÃO, TALVEZ,
VOCÊ POSSA CONSIDERAR A IDEIA
DE VIVER UMA COISA
DE CADA VEZ.

Entender que cada dia é um dia, cada relacionamento é um relacionamento e assim por diante.

PARE DE SE CULPAR POR NÃO TER TODAS AS RESPOSTAS AGORA

E REPITA PARA SI MESMO: CONSEGUIR LIDAR COM O HOJE É MAIS DO QUE O SUFICIENTE.

CAPÍTULO III

Uma breve história de Jorge, o passarinho

ESTE É JORGE

Jorge ouviu desde muito novo que sucesso era alcançar o topo das árvores mais altas.

CRESCEU ACHANDO QUE SÓ SERIA (FELIZ) SE FOSSE CAPAZ DE SOBREVOAR AS MONTANHAS COMO TODOS FAZIAM.

(PORQUE ELES DISSERAM QUE ESSE ERA O ÚNICO CAMINHO.)

JORGE TENTOU MUITAS VEZES E FALHOU.

MAS DEIXA EU TE APRESENTAR JORGE NOVAMENTE.

ESTE É JORGE

JORGE ACREDITOU EM MUITAS COISAS QUANDO ERA MAIS NOVO. ELE NEM CHEGOU A SOBREVOAR AS MONTANHAS.

MAS POSSO TE CONTAR UMA COISA?

Jorge sentiu a brisa dos fins de tarde enquanto voava em direção ao pôr do sol.

Jorge sentiu o aroma das flores enquanto sobrevoava os campos coloridos de tulipas.

Jorge voou sobre rios em que as águas eram tão claras que era capaz de se enxergar no reflexo.

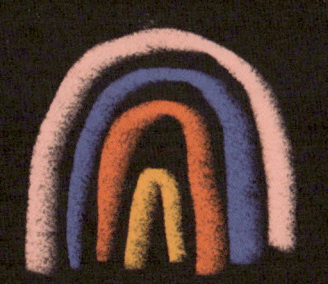

De fato, Jorge não alcançou o topo das árvores mais altas, mas ele entendeu que o caminho dele não precisa ser igual ao de mais ninguém para ser uma jornada incrível.

CAPÍTULO IV

Recalculando rotas

LEMBRETES PARA DIAS DIFÍCEIS:

TUDO É TEMPORÁRIO.

VOCÊ NÃO PRECISA DAR CONTA DE TUDO O TEMPO TODO.

SEJA GENTIL COM VOCÊ.

Pode ser um conselho completamente estúpido

Mas tem isso sobre conselhos: não os tome como verdade absoluta. E, aqui, eu falo de um lugar muito pessoal.

Tem coisa que não dá para planejar. E, por coisa, me refiro à vida. É ilusão acreditar que temos controle de todos os eventos externos que acontecem e mudam completamente nossos caminhos. Está todo mundo seguindo a direção que mais se encaixa no que cada um espera da vida. Mas ninguém tem garantia da chegada.

Isso porque o caminho transforma.

Não tem como evitar. Se enrijecer é parar de viver.
E ficar no mesmo lugar é impedir que seus olhos encontrem novos horizontes.

E eu estou nesse caminho, onde eu posso olhar para todas as direções, sem me prender a como dizem que deveria ser.

Pois se são meus pés que caminham os trajetos
que eu faço, então eu os escolherei.

É justo assim.
E assim eu faço.

TALVEZ O LUGAR QUE VOCÊ ESTÁ HOJE NÃO SEJA (EXATAMENTE) ONDE VOCÊ GOSTARIA DE ESTAR.

MAS É IMPORTANTE ENTENDER QUE JÁ NÃO É MAIS O MESMO LUGAR QUE VOCÊ ESTAVA UM TEMPO ATRÁS.

E, TALVEZ, ISSO SEJA ALGO PARA S~~E~~R CELEBRADO, E NÃO COBRADO.

As cicatrizes que ficaram

Tudo é temporário, mas algumas cicatrizes ficam. Algumas marcam não só a pele. Algumas também marcam a memória. E essas são as mais difíceis.

Algumas escolhas vão doer. E talvez essas escolhas doam não só em você, mas nas pessoas que te amam também.

No momento em que eu estou escrevendo isso,
tenho 26 anos e faz um ano desde que me mudei.
No sentido mais literal da palavra.

Cresci em uma cidade do interior do Paraná. Muito pequena. Tive uma infância em que brincava na rua e deitava na grama, olhando para as nuvens tentando encontrar formas.

Foi sempre assim. Eu tentava encontrar formas de escapar da realidade. Eu não sentia que eu pertencia àquele lugar.
As pessoas eram sempre as mesmas. A rotina permanecia igual.
E esse sentimento de não pertencimento me incomodava.

Quando eu decidi me mudar, eu estava morando com a minha família, mas senti que precisava encontrar meu lugar no mundo, já que naquela cidade eu sempre fui o neto do meu avô. Inclusive, meu segundo nome é, também, o nome dele.

Não foi uma decisão fácil. E escrevo isso com a certeza de que foi um sentimento que minha família também compartilhou comigo.

Meu avô não ficou muito feliz com essa minha decisão.
Mas eu tive meus motivos; talvez ele nunca os entenda.
Tem dias que até mesmo eu não consigo entender.
Me sinto culpado. Eu espero que um dia ele sinta orgulho de quem eu estou me tornando.

Mas, mesmo que não aconteça, eu estou fazendo isso por mim. Alguém já te perguntou o porquê, você respondeu "porque sim" e te falaram "porque sim não é resposta"? Parece bobo, mas eu já me peguei tentando justificar tudo o que eu fazia. Como se todas as minhas escolhas precisassem de validação. E se tem uma coisa de que eu me orgulho muito hoje em dia é de ter me soltado dessa crença.

Ninguém precisa entender, desde que eu aprendi a me compreender. Ninguém precisa me aceitar, desde que eu aprendi a me abraçar. Ninguém precisa me preencher, desde que eu consegui me transbordar.

Eu saí de casa para me reencontrar.
Já me perdi tantas vezes que esqueci o caminho de volta.
Mas tudo bem. Talvez eu não queira voltar. Meus passos me guiam para a frente. Caminho nesse sentido.

E, mesmo quando eu ainda me questionar o porquê, eu direi a mim mesmo: porque sim.

E isso basta.

EU SOU MINHA CASA.

NÃO PRECISA

SE PREOCUPAR.

TODO MUNDO SE PERDE, ATÉ SE REENCONTRAR.

VOCÊ TAMBÉM MERECE O SEU AMOR.

A busca por amor

Você procura por amor em mesas de bar, nas esquinas, nas salas de espera, imagina o amor sentado no banco de um ônibus. Brinca de se apaixonar.

E não duvide: você vai encontrar afeto, se procurar.
O problema é que, talvez, nunca seja o suficiente.

Nem sempre esse papo de amor-próprio é para sustentar a ideia de que ficar sozinho é incrível. Talvez seja mais para entender que não se deve colocar o outro como uma necessidade.

Quem não gosta de amar e ser amado? Ter alguém do lado é bom, sim!

Mas, quando a gente não sabe gostar da gente,
não adianta muita coisa. Vai sempre parecer
que está faltando algo.
Vai faltar carinho e afeto. Vai faltar aquela parte.

Aquela parte que é você.

Aprenda a olhar para dentro. Se escutar, se compreender. Aprenda a ser gentil com você. É difícil, ninguém está dizendo o oposto. Mas é importante demais.

Sério.

É DIFÍCIL SABER O MOMENTO DE ABRIR MÃO DE ALGO QUE VOCÊ QUIS POR TANTO TEMPO.

É COMUM PENSAR QUE DESISTIR É SINÔNIMO DE FRACASSAR.

DESISTIR ≠ FRACASSAR

RECONHECER QUE SEUS DESEJOS MUDAM É ENTENDER QUE, TALVEZ, O QUE VOCÊ QUERIA ANTES JÁ NÃO FAZ MAIS SENTIDO PARA QUEM VOCÊ SE TORNOU HOJE.

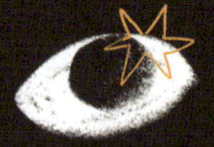

MUITAS VEZES, ISSO É O MAIS DIFÍCIL:

ACEITAR QUE VOCÊ JÁ NÃO É MAIS COMO ERA ANTES.

A hora de parar

Eu nunca gostei de dizer adeus. Sempre odiei despedidas. Mas eu venho aprendendo algumas coisas com essas idas e vindas. Andar em círculos gera incômodo, náusea. É estonteante. É como andar em uma esteira: você está andando, mas não sai do lugar.

Parar.

Abrir mão de algo que, antes, parecia ser tão certo, não é fácil. Mas, muitas vezes, é necessário. Estamos em constante transformação. Se o que você escolheu para fazer da vida quando tinha 17 anos não faz mais sentido hoje, está tudo bem.

Quantas vezes me perguntei o que eu faria naquela época se eu soubesse o que sei hoje? E, ironicamente, hoje, admito que sei muito pouco. Durante esses anos eu mudei. Meu rosto mudou. Ganhei algumas linhas de expressão. Meu cabelo mudou. Minha pele mudou. Minhas relações mudaram. Meu jeito de ver o mundo mudou. Tantas opiniões que deixei para trás.

E eu pergunto: *para que continuar carregando algo que não faz mais sentido para quem você é hoje?*

Deixa ir. É difícil; muitas vezes, dolorido. Mas é importante desapegar. Abrir espaço para o novo.

Aprender a recomeçar.

NÃO SE (PRENDA) AO

QUE ESPERAM DE VOCÊ.

CAPÍTULO V

Novos caminhos

ESPERO QUE CHEGUE O DIA EM QUE VOCÊ POSSA DIZER:

"EU GOSTO DE QUEM ME TORNEI."

E VAI GOSTAR DE SI NÃO PORQUE ACHA QUE ESTÁ TUDO PERFEITO, MAS PORQUE ENCONTROU UMA FORÇA AÍ DENTRO QUE TE FAZ CONTINUAR.

VAI APRENDER A OLHAR PARA TRÁS SEM CULPA, PORQUE FOI ESSE CAMINHO QUE TE TROUXE ATÉ AQUI.

VOCÊ VAI ENCONTRAR BELEZA NA (VULNERABILIDADE), ASSUMINDO SUAS INSEGURANÇAS E O MAIS IMPORTANTE: VAI APRENDER A SER MAIS GENTIL E PACIENTE COM SEUS PROCESSOS.

PORQUE VOCÊ É INCRÍVEL!

(MESMO QUE NÃO CONSIGA ENXERGAR ISSO AINDA.)

Novos caminhos

Já me peguei em negação. Eu continuei caminhando pela mesma direção porque me parecia mais confortável. Quando, no fundo, eu sabia: *aquele caminho já não me inspirava mais.*

Os passos que eu dava não me tiravam do lugar. Eu caminhava em círculos. E isso não é confortável.

Eu sabia que algo estava diferente. Eu olhava para os lados e tentava encontrar respostas. Inocência minha: óbvio que eu só encontraria quando olhasse para dentro de mim.

Aqui, onde as perguntas são feitas e as respostas são dadas quase que de imediato. O fato curioso é que, mesmo sem saber quem eu sou, eu posso reconhecer de longe quem eu não sou.

E eu, que nunca gostei de dizer adeus, me despedi de quem eu fui um dia. Um abraço apertado.

Daqui em diante,
eu sigo por ali.

VOCÊ MUDOU

AINDA BEM. :)

VOCÊ NÃO PRECISA SER O (MELHOR) PINTOR PARA PINTAR.

VOCÊ NÃO PRECISA SER A (MELHOR) BAILARINA PARA DANÇAR.

VOCÊ NÃO PRECISA SER O MELHOR CANTOR PARA CANTAR.

VOCÊ NÃO PRECISA SER A MELHOR ESCRITORA PARA ESCREVER.

VOCÊ NÃO PRECISA SER O (MELHOR) PARA QUE TENHA VALOR.

Somos cobrados o tempo inteiro para sermos acima da média

"Se não estiver perfeito, não é o suficiente."

O perfeccionismo e a comparação matam a criatividade.

Eu não quero ser Caetano, nem Clarice. Tampouco quero criar como Van Gogh. Não me entenda mal, eu os admiro demais.

Mas eu não estou procurando ser alguém, além de mim mesmo.

Por isso, me deixo dançar solto pelo mundo, me deixo cantar leve pelo ar, me deixo colorir fora da linha e, o mais importante: *me deixo ser protagonista da minha história.*

CADA DIA VOCÊ APRENDE UM POUCO MAIS: SOBRE O CAMINHO E, PRINCIPALMENTE, SOBRE VOCÊ.

Caminho por vias tortas

Entre pedras e terra, que, às vezes, vira barro.

Ando por vias. Veias. Me levam até o peito. Um caminho para dentro. Nem sempre hospitaleiro. Às vezes escuro. É necessário ter cautela.

Os pés calejam, mas calos são um bom sinal. Te deixam mais resistente. É como tocar violão: no começo, ao segurar as cordas com tamanha força, os dedos acabam enrijecendo.

A melodia é linda e o som dos passos é percussão. Uma bossa do autoconhecimento.

Caminho com medo. Mas medo nem sempre é ruim. *Ruim é não saber de si.*

E dolorido é não se aprofundar em quem se é.

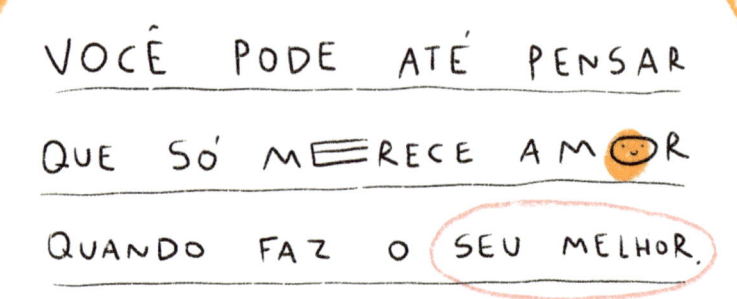

VOCÊ PODE ATÉ PENSAR
QUE SÓ MERECE AMOR
QUANDO FAZ O SEU MELHOR.

MAS VOCÉ MERECE AMOR MESMO NOS SEUS PIORES DIAS.

VOCÊ TAMBÉM MERECE AMOR QUANDO (ERRA) E QUANDO SÓ ENXERGA SEUS DEFEITOS.

E VOCÊ MERECE ESSE AMOR
NÃO SÓ DAS PESSOAS QUE
SE IMPORTAM COM VOCÊ.

VOCÊ MERECE
ESSE AMOR DE
SI MESMO TAMBÉM.

Eu cresci assim

Recebia afeto só quando era bom. Eu cresci sendo cobrado para ser bom e eu aprendi a me cobrar também.

Me cobro tanto que é difícil reconhecer quando faço algo positivo (inclusive, relutei em escrever essa última frase porque fiquei me perguntando se já fiz algo de bom).

É bem cansativo. Eu ando aprendendo a me abraçar quando me sinto mal, em vez de me culpar por não estar bem. Estou aprendendo a lidar com meus erros e minhas imperfeições da forma mais natural possível.

Porque errar e ter esses dias complicados é comum.
Faz parte.

Cansei de tentar ser algo que eu nunca vou ser:
me permito errar, cair e chorar.

Me permito ser real.

CORAGEM
PARA SER RUIM
EM ALGO NOVO.

Você não é especial

Você também vai errar. Faz parte. É preciso coragem para entender isso.

"Por que eu não me permito errar? Por que eu não posso ter dias ruins? Por que eu preciso manter essa ideia de que minha vida só é válida quando é incrível?"

Essa expectativa de que tudo precisa ser grandioso só serve para alimentar a frustração. Você não é o único que vai errar, sofrer e ter dias ruins. E reconhecer isso pode ser um bom começo para entender que você não está sozinho.

É libertador tanto quanto é dolorido.

Vez ou outra tenho essa sensação de que está todo mundo correndo. Ninguém mais tem tempo para nada. E eu acabo me cobrando para me manter ocupado. Ainda assim, nunca parece o suficiente.

E é curioso como eu reclamo do meu ritmo: meus passos são curtos. Quando, na verdade, pequenos passos é que fazem uma caminhada.

Não se esqueça disso.

NÃO VAI CHEGAR O MOMENTO EM QUE VOCÊ VAI ESTAR 100% PRONTO

MUITAS VEZES, DESCOBRIMOS O CAMINHO ENQUANTO CAMINHAMOS.

Eu tenho gostado de tentar coisas novas

Mas nem sempre foi assim. Eu tinha muito medo de errar. Tinha medo de ser julgado, do que as pessoas iriam pensar. Tinha medo de parecer um completo idiota tentando algo em que eu, supostamente, não era bom.

Eu já cheguei a dizer que *eu não nasci para isso.*

Como se fosse uma justificativa aceitável. Como se fosse justo me privar de tentar algo novo só porque não começou sendo bom.

E quem começa? E mesmo que seja você, não precisa se comparar.

Inclusive, acho que estou chegando a esse ponto da minha vida em que estou mais interessado em ser real do que em ser bom.

E isso tem me permitido me conectar com as experiências de uma forma menos superficial.

Tem me feito muito bem.

O último capítulo

Eu sempre duvidei de mim. E, por consequência, nunca acreditei que eu fosse capaz. Um pouco por ter escutado isso na adolescência e um pouco por nunca ter me dado a oportunidade de tentar o contrário.

Quando eu olho para a minha vida, eu penso em fases. Capítulos. Cada um deles com momentos bons e outros nem tanto. Até um tempo atrás, eu não tinha consciência de que esses capítulos – os da minha vida – precisavam ser escritos por mim.

Eu fui figurante. Aquele que ajudava. O apoio. E não me entenda mal, todo papel é importante. E também acho que, durante nossa trajetória, vamos assumir diversos papéis. Seremos heróis na vida de alguns, e vilões na de outros. Outras vezes seremos parte da figuração, um complemento para a paisagem. Mas, veja bem, se na minha própria história eu não puder me priorizar, então eu sempre viverei em função do outro.

E eu estou prestes a fazer aniversário e a iniciar um novo ciclo. Eu não sou tão fã de aniversário. Mas este, talvez, seja simbólico. O final de um ciclo. Estou encerrando um capítulo. Mais um de muitos que eu deixei escreverem por mim. De agora em diante, quero assumir o papel principal da minha vida.

Este pode até ser o último capítulo,
mas, com certeza, não é o fim da minha história.

ÀS VEZES, O FIM É TAMBÉM UM RECOMEÇO

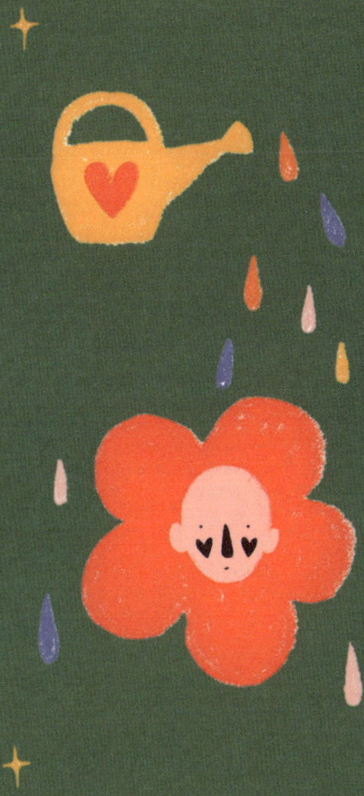

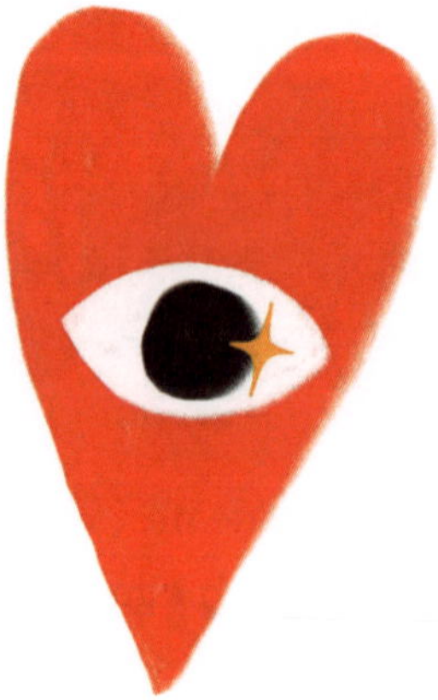

© Acervo pessoal

Meu nome é Lucas, mas pode me chamar de lüc. Nasci em 1995 e cresci em uma cidade muito pequena no interior do Paraná chamada Sabáudia. Desenho desde criança, mas isso se fortaleceu na adolescência. Foi quando eu me tornei muito introspectivo, por isso recorria aos desenhos. Nessa mesma época comecei a escrever. Tive blog, Tumblr, e a internet foi o lugar em que me senti acolhido. Eu sempre me considerei um sonhador, e os desenhos e a escrita tornavam realidade as coisas que imaginava. No terceiro semestre da faculdade de Publicidade e Propaganda, comecei a postar ilustrações com frases no meu perfil – anos atrás –, o que viria a ser hoje o @artedoluc, em que desenho e escrevo sobre minhas reflexões mais humanas, preservando o lúdico e a simplicidade das coisas.

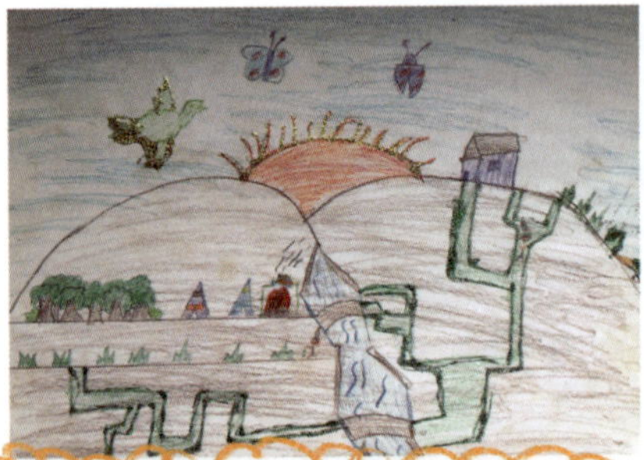
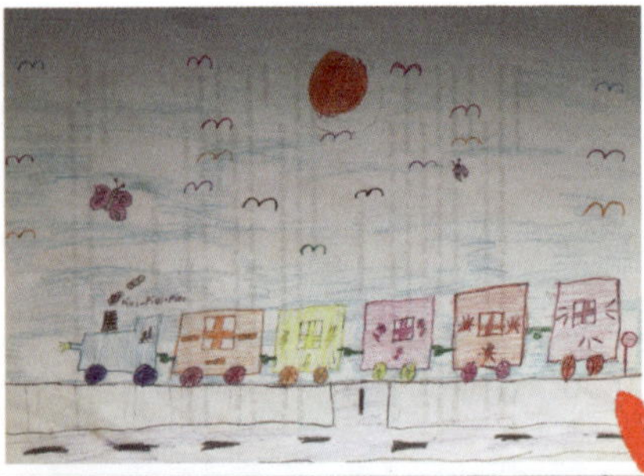
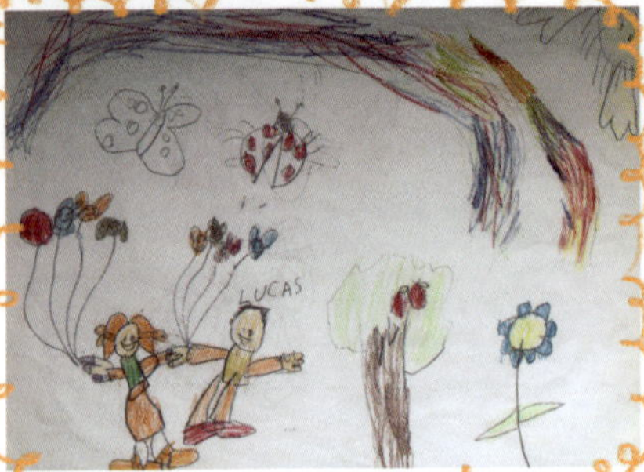
LUCAS
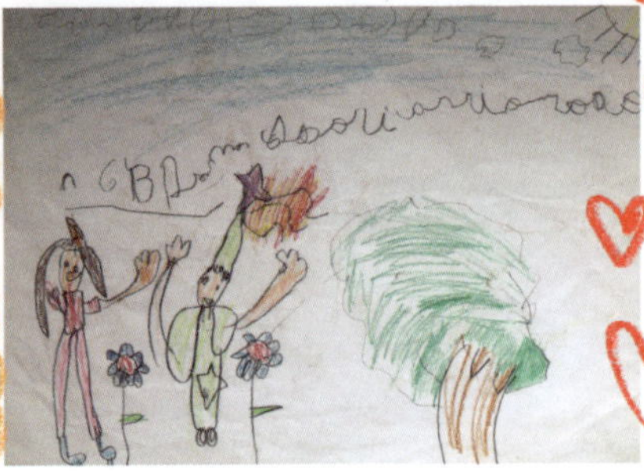

Reservei esta página para você: para todas as vezes que não acreditou que seria possível! Você conseguiu.

♥

Acreditamos nos livros

Este livro foi composto em Dante MT Std e Cooper Std
e Impresso pela Geográfica para
a Editora Planeta do Brasil em junho de 2024.